COMITÉ D'ACTION
Pour les Réformes Républicaines

DISCOURS

DE

M. LEON BOURGEOIS

Prononcé le 7 février 1897

Au Banquet offert aux Sénateurs de la
Gauche Démocratique

Élus le 3 Janvier 1897

GE DU COMITÉ:
o l'Isly, 7
RIS

Le Comité d'action pour les Réformes Républicaines organisait le dimanche 7 février, à midi, à l'Hôtel continental, sous la présidence de M. Léon Bourgeois, ancien président du Conseil, un banquet offert aux sénateurs, nouvellement élus, qui se sont fait inscrire au groupe de la **gauche démocratique** du Sénat.

A ce banquet M. Léon Bourgeois a prononcé le discours suivant :

DISCOURS de M. LÉON BOURGEOIS

Messieurs,

Les organisateurs de cette réunion, les membres du Comité d'action pour les réformes républicaines, ont désiré que l'un d'entr'eux résumât pour ainsi dire à la fin de cette réunion les enseignements qui s'en dégagent. J'ai été chargé de ce grand honneur, et je suis profondément heureux d'être auprès des membres du groupe démocratique du Sénat et particulièrement auprès des nouveaux élus, des nouveaux sénateurs inscrits à ce groupe démocratique, l'interprète des sentiments de grande joie qu'ont ressentie tous les démocrates, à la Chambre et ailleurs, en acclamant leur élection. (*Très bien ! Très bien !*)

Les Elections du 3 janvier

Après un certain nombre de mois passés, non pas dans l'inquiétude, — le suffrage universel n'est jamais inquiet du lendemain, parce qu'il en est toujours le maître et ceux qui ont toujours l'oreille près du cœur du suffrage universel ne connaissent pas plus que lui l'inquiétude et le découragement — (*Applaudissements*), après quelques mois pendant lesquels il semblait qu'un nuage s'était étendu, qu'un peu de la lumière familière aux amis de la République s'était voilée à nos yeux, il a semblé que, dans un éclair rapide, alors que le suffrage universel n'avait pas encore parlé, alors que ceux-là seulement qui, à un second degré, parlent en son nom et qui ne reçoivent pas toujours son mandat direct, avaient parlé, cette lumière ait reparu et que le nuage s'était dissipé. (*Très bien, très bien !*)

C'est, en effet, la signification des élections du 3 janvier. Il avait semblé qu'on hésitait à un carrefour de la route. On s'était demandé si la République n'allait pas vers le chemin qu'elle a connu déjà il y a un demi-siècle et dont nous savons les abîmes ou si, au contraire, elle saurait retrouver le chemin qui monte toujours vers les sommets. Le 3 janvier, alors que, autour de ce point dangereux et périlleux s'étaient accumulés les périls et les dangers artificieusement et habilement combinés, la République retrouvait sa voie naturellement, simplement, sans un effort, comme le personnage de la légende qui, d'un geste, rompt les liens dont les Lilliputiens ont voulu pendant quelques instants l'enchaîner. (*Applaudissements.*)

Oh! le geste n'est pas très puissant, le bras ne s'est pas étendu tout entier. Il semble que la nation hésite avant de faire ce grand mouvement définitif, qu'elle doute elle-même du danger, qu'elle ne peut pas se croire en péril.

J'étais à Rome, il y a quelques jours, et je me rappelle cette admirable fresque de la Chapelle Sixtine où Michel-Ange représente le Créateur donnant naissance à la créature. Il ne fait pas un mouvement puissant, il ne déploie pas l'effort de son bras. C'est du bout du doigt simplement qu'il touche le bout du doigt de l'homme endormi et qu'il l'éveille. (*Applaudissements.*)

Le Sénat démocratique

Mais je m'égare, et j'en reviens au sentiment de grande joie que nous avons tous eu et que nous désirions manifester ici en saluant les nouveaux élus. On nous a assez accusés de demander la suppression du Sénat; nous avons répondu, — c'est notre première manifestation, — en levant notre verre au Sénat... démocratique. (*Applaudissements.*)

Et je dis au Sénat démocratique parce que je pense — je ne suis pas tout à fait d'accord sur ce point avec certains des orateurs qui m'ont précédé — que les 90 membres du groupe de la gauche démocratique ne sont pas loin de devenir la majorité. C'est quelque chose qu'un groupe qui compte un tiers des membres de l'assemblée, quand il est uni et discipliné comme le vôtre, quand il puise une force nouvelle dans une élection nouvelle, quand il est conscient d'un programme commun, et qu'en face de lui il voit des groupes unis en apparence, mais représentant en réalité les programmes les plus divers et dont certains des membres, comme le disait M. Baduel, s'imaginent être républicains aujourd'hui parce qu'ils l'ont été, très certainement, jadis, et dont quelques autres, hélas! se sont crus en droit de se dire républicains parce qu'ils ne l'avaient jamais été. (*Vifs applaudissements.*)

Quand un groupe a en face de lui des hommes aussi divisés, uniquement d'accord sur des résistances, sur des négations, mais qui ne sont d'accord sur aucune affirmation, qui s'imaginent qu'on peut gouverner contre quelque chose, alors que le gouvernement étant la vie dans une démocratie, il faut gouverner pour quelque chose, ces adversaires son' nécessairement condamnés à l'impuissance rapide, au découragement et à la défaite. (*Assentiment.*)

Entre quatre-vingt-dix, dans une assemblée de trois cents membres, être unis sur un programme commun, avoir puisé une force nouvelle dans une élection nouvelle, avoir en face de soi des hommes divisés et qui tiennent leur autorité, leur mandat, d'une élection vieille de trois ans pour les uns, de six ans pour les autres, et pour d'autres plus vieille encore, puisque si les inamovibles vivent encore, leurs électeurs ont depuis longtemps disparu, — il y en a, je le sais, parmi ces derniers, qui se sont retrempés depuis dans un autre suffrage (*Très bien! très bien !*) — c'est avoir la force et c'est être sûr du lendemain. Aussi, en buvant aux sénateurs nouvellement élus, au Sénat démocratique, ce n'est pas seulement une espérance, c'est une certitude que nous exprimons et que nous fêtons. (*Très bien !*)

Ai-je besoin de dire que les faits viennent à l'appui de cette certitude? Et ces faits sont récents. Ne vous a t-il pas suffi de vouloir, pour faire passer au bureau du Sénat deux secrétaires choisis par vous, malgré la volonté notifiée des autres groupes de ne pas les laisser élire,

malgré cette attitude vraiment intolérante qui vous ferait
considérer dans ce Sénat comme n'étant pas des républicains? (*Vifs applaudissements.*)

N'a-t-il pas suffi que l'un de vous, notre ami Leporché
se levât et formulât un ordre du jour nettement anticlérical,
pour que la force de votre situation se manifestât aux
yeux de tous et que les vieilles luttes soutenues en commun,
les vieilles batailles, les vieilles victoires et aussi les anciennes défaites reparussent à l'esprit et à la mémoire de
ceux qui semblaient s'écarter de vous, et que la pensée présente à votre esprit ressuscitât dans l'esprit de ceux qui
avaient failli l'oublier? (*Longs applaudissements.*) Votre
parole a été entendue de ceux qui croyaient avoir définitivement fermé l'oreille et vous avez obtenu cet ordre du
jour que peut-être la Chambre à l'heure actuelle n'aurait
pas voté. (*Très bien! très bien!*)

Quand vous avez fait cette expérience de votre force,
vous avez précisément mis la main là où le parti républicain doit la mettre, là où est le nœud de la situation.
Vous disiez, et vous aviez réfléchi longuement avant de
le dire, que dans la bataille actuelle, si nous entendons
parler des deux périls qui menacent la République, vous
aperceviez clairement le plus menaçant et vous y alliez,
d'abord, quitte à porter ailleurs votre effort, si la République avait besoin d'être défendue sur son autre frontière.
(*Très bien!*)

Nos Frontières

Je crois que vous avez eu raison. Il y a, il y aura toujours
deux périls, parce que, pour tout parti il y a deux frontières,
au delà desquelles se trouvent soit les ennemis de son principe, soit ceux qui risquent de compromettre ce principe
en en exagérant les conséquences. Le souci de ces deux
frontières s'impose sans cesse à un parti qui a eu la responsabilité de la direction des affaires, qui entend être non une
opposition toujours intransigeante et négative, mais l'opposition prête à affirmer et à mettre en pratique son programme et ses idées, l'opposition prête à gouverner. (*Assentiment.*)

Il y a toujours deux périls, mais entre les deux, vous avez su choisir celui contre lequel il fallait d'abord combattre. Vous avez dit, et nous disons tous ici, et M. Goblet le disait tout à l'heure, — que vous ne faisiez aucune concession aux doctrines collectivistes, — M. Goblet très courageusement, à bien des reprises, malgré tout ce qu'on a pu dire pour dénaturer sa pensée et ses paroles, l'a dit avec la plus grande netteté et l'a encore répété aujourd'hui. (*Très bien! Très bien!*)

L'Esprit de la Révolution

Nous l'avons dit, nous aussi, et répété sans cesse, ce qui n'a pas empêché les adversaires bienveillants de dire que nous sacrifiions aux doctrines collectivistes, que nous nous inclinions devant elles, que nous vivions de l'appui que nous prêtent ceux qui les professent. Tout cela était faux. Dans toutes circonstances, nous avons dit que nous condamnons, ce que nous considérons comme contraire à l'esprit de la Révolution, que nous combattons tout ce qui serait de nature à porter atteinte à la liberté individuelle et à la propriété individuelle. Nous croyons que le devoir social, dont on parlait tout à l'heure, doit s'exercer entre des hommes libres, et non pas en inclinant la pensée, la volonté et le travail devant un pouvoir déterminé par qui que ce soit, que ce pouvoir soit laïque ou clérical (*Vifs applaudissements*), qu'aucune institution n'a de prix à nos yeux si elle n'est pas née de la libre volonté de chacun des citoyens ; nous avons dit tout cela et si nous ne le pensions pas, nous ne marcherions pas vers le progrès, nous reculerions. (*Assentiment.*)

Nous l'avons dit mais en même temps nous avons dit que la société actuelle n'avait pas fait tout son devoir, que si, les théories collectivistes paraissaient aujourd'hui s'emparer des esprits plus qu'autrefois, ce n'était pas du tout parce que le gouvernement paraissait montrer envers elles trop de faiblesse, mais parce que, dans les masses populaires, l'impatience de ne pas voir se réaliser les réformes si longtemps promises, finissait par envahir les esprits, et nous avons soutenu que la véritable manière de se défendre contre ces théories, ce n'était pas de repousser violemment les masses populaires éprises d'idéal et de justice et de vouloir les courber à nouveau sous un joug politique quelconque, c'était au contraire de leur donner chaque jour plus nettement, la certitude qu'avec elles et pour elles on allait vers cet idéal de justice sociale qui les étreint, qu'elles espèrent chaque jour voir éclairer leur horizon et qui recule cependant toujours devant elles, comme un mirage trompeur. (*Vifs applaudissements.*)

A ceux qui doutent, nous avons répondu : Vous craignez ce péril ! Il est presque fait de vos résistances. Si vous laissiez ces doctrines venir au plein jour, vous verriez ce qui se passerait. Et j'en parle bien librement ; ne voyons-nous pas que, du moment où il s'agit pour ces hommes qui sont sincères et convaincus, — mais que je ne crois ni clairvoyants ni en possession de la méthode scientifique — quand il s'agit non pas de critiquer et de combattre, mais d'organiser et de formuler, la division se met parmi eux ; leurs groupes et leurs organes se disséminent ; les candidatures se séparent les unes des autres ; ne sentez-vous pas la force qu'il y a à affirmer sincèrement, loyalement, résolûment la marche constante en avant vers les réformes sociales, afin que, d'un cours continu et tranquille, le grand fleuve de la démocratie, à travers les obstacles, à travers les rochers qui tombent du haut de la montagne dans le cours du fleuve et semblent un instant l'arrêter, reprenne librement sa marche pacifique et bienfaisante, toujours plus fécondant, vers le grand port sur lequel nous avons toujours les yeux, vers lequel regardent ceux qui souffrent, mais dont nous éloignent malheureusement, au moment où nous croyons monter sur la barque, ceux qui ont l'habileté de s'en saisir et de la ramener à la rive. (*Longs applaudissements.*)

Voilà ce que nous pensons de ce péril, et je résumerai en deux mots tout ce que j'en ai dit. Nos adversaires prétendent être les véritables fils de la Révolution française ; ils craignent que nous n'abandonnions ses idées et ses principes, ils veulent les défendre. Nous aussi, et nous croyons

que la meilleure manière de défendre la Révolution, c'est
d'achever son œuvre. (*Très bien!*)

Le péril de droite

Mais l'autre péril, lui, il est d'une autre nature et bien
plus grave.

Il ne s'agit pas ici d'hommes à sentiments généreux,
marchant comme dans une mêlée à travers les idées et
les rêves. Il s'agit d'un parti organisé, discipliné, marchant, non pas depuis quinze ou vingt ans, non pas à la
suite de quelque combinaison momentanée de la politique
contemporaine, mais depuis des siècles vers le même but,
sous la même volonté, avec la même direction.

L'organisation cléricale

Oui, le péril de droite est le péril véritable. Le parti que
nous avons à combattre de ce côté, ce n'est pas le parti de
quelques hommes plus ou moins d'accord sur plus ou
moins de questions, ayant mis en commun des programmes, ayant discuté entre eux ce qu'il y avait de
mieux à faire sur telle ou telle réforme politique ou
sociale ; ce parti, c'est le parti de l'Église, c'est-à-dire une
organisation hiérarchique dix-huit fois centenaire, créée,
faite pour la domination, qui ne peut jamais abandonner
la théorie de la domination éternelle qui est sa raison
d'être, une organisation qui ne serait plus *catholique*,
dans le sens étymologique du mot, si elle ne continuait à
lutter pour cette domination universelle, qui manquerait,
non pas seulement à ses principes politiques, mais à ce
qu'elle considère comme sa mission providentielle, si elle
n'affirmait pas la domination.

Ce parti a remis entre les mains d'un seul homme la
direction de toutes ses affaires, non seulement en France,
mais dans tous les pays du monde. Est-il possible d'exa-
gérer le danger que fait courir à une société d'hommes
libres voulant s'organiser librement, dans leur raison et

dans leur conscience, un parti discipliné et armé, conduit par un chef qui n'appartient pas à notre pays et dont les soldats acceptent cependant les directions comme un mot d'ordre, contre lequel nul n'a le droit de protester et qui peut mener son armée au combat sur tous les terrains, sur le terrain économique, sur le terrain fiscal, sur le terrain financier, sur le terrain social, sur le terrain de l'organisation politique, sans qu'une tentative puisse être faite pour que l'indépendance soit recouvrée? C'est devant nous toute une armée, disciplinée, ordonnée, marchant comme un seul homme vers un seul but et, en vérité, si on n'aperçoit pas et si on ne craint pas un péril semblable, il faut être la dupe la plus aveugle, ou le complice le plus coupable. (*Double salve d'applaudissements.*)

L'Election de Brest

Mais on va rire ! on va dire encore, passez-moi l'expression, Messieurs les Sénateurs, que nous sommes tous des vieilles barbes, que nous parlons comme en 1848, que nous sommes ces incorrigibles qui voient partout le jésuite, que nous sommes les niais éternellement innocents et crédules qu'on leurre à l'aide de paroles. Oui ! et à l'aide de faits aussi. Que s'est-il passé ces jours ci? Qu'est-ce que cette élection de Brest, que ce candidat du pape, que ces directions données de là-bas, que ce clergé embrigadé, que ces curés qui se sont entendus pour choisir un candidat, qui se sont organisés pour faire voter pour lui? Qu'est-ce donc que cet élu, sinon l'élu de Rome elle-même? (*Applaudissements*).

Est-ce une chose négligeable?

Dans la République française, il y a un membre du Parlement qui semble avoir été choisi, non parce qu'un groupe de citoyens français, quels que soient leurs sentiments politiques, l'a choisi, mais parce qu'une volonté supérieure l'a désigné, imposé. Vous l'avez bien vu. Que s'est il passé avant l'élection ?

Qu'est-ce que toutes ces négociations, ces lettres échangées, cette intervention de Provinciaux de congrégations

(*Rires*), sinon la manifestation certaine que c'est un choix fait par ordre, non pas pour faire triompher le représentant de telle ou telle circonscription — car je crois que notre honorable collègue n'avait aucun rapport avec la circonscription où il a été élu, — mais pour imposer à cette circonscription un homme choisi par ailleurs, de haut, pour représenter une autre volonté ? (*Assentiment*).

N'est-ce pas une chose grave ? Et c'est la première fois qu'un fait semblable se produit. Ne voyez-vous pas le péril que nous signalions à la Chambre quand nous disions qu'il s'était passé à Reims des faits qui devaient préoccuper le gouvernement de la République ? A Reims on a délibéré, on a créé une organisation, et maintenant l'armée est en marche, et nous allons assister, aux prochaines élections générales, à la mise en œuvre de cette organisation.

L'internationalisme

Il s'agit de savoir si dans la politique intérieure de la République, ce sera entre des partis de cette République, entre des hommes appartenant aux diverses opinions nationales que se livrera le combat, ou si, au contraire, ce sera entre un certain nombre de citoyens de cette République, luttant pour elle dans l'intérieur de ses frontières, et un certain nombre d'autres, obéissant à un mot d'ordre venu de l'extérieur. (*Très bien !*)

Nous me direz : C'est la lutte, nous l'acceptons. Mais ce qu'il importe de savoir, c'est ce que pense le gouvernement de notre pays en présence de cette situation nouvelle. C'est la première fois que nous apercevons aussi clairement l'effet de cette politique. Nous avons affaire, à Rome, à un grand politique. La vue du pape Léon XIII sur les affaires des démocraties est une vue très haute et très large, je n'en méconnais pas la puissance. Mais, plus elle est haute et puissante et plus nous avons le devoir de nous en préoccuper. (*Assentiment*.)

Oui ! c'est une vue très haute qui consiste à dire que l'Eglise se désintéresse dorénavant des questions qui touchent à la forme des gouvernements, qu'elle a assez longtemps lâché la proie pour l'ombre, qu'elle ne doit plus attacher son action vivante aux cadavres plus ou moins vieillis des monarchies mortes, qu'il lui faut une proie vivante et qu'elle doit employer partout ses efforts à prendre la réalité du pouvoir.

L'Attitude du Gouvernement

Qu'en pense notre gouvernement ? Je ne voudrais pas poser cette question ; mais je me demande, en vérité, si l'élection de l'un d'entre nous n'aurait pas paru plus désagréable au gouvernement que l'élection du nouveau député de Brest. (*Mouvement.*) J'en ai peur, si j'en crois ce qui s'est passé dans le département du Nord, où nous avons vu une alliance si étroite de la droite, des cléricaux et d'un certain nombre de républicains contre ceux d'entre vous qui n'avaient jamais passé au Sénat pour des révolutionnaires, et qui, j'imagine, étaient considérés comme des hommes tranquilles, comme des hommes qui ne menaçaient pas la famille, la morale, la société, (*Rires et applaudissements*) qui ne pactisaient pas avec les collectivistes révolutionnaires, qui devaient rentrer chez eux le soir, la conscience en repos. Nous avons vu quels étaient les candidats agréables, et nous avons vu comment a été accueillie en certains milieux la réélection au Sénat de nos collègues.

Complicité officielle

Ce qui est grave, c'est que dans la situation actuelle, alors que l'Eglise a pris la résolution de combattre ce nouveau combat, alors que très habilement elle a renoncé à l'ancienne alliance avec la monarchie disparue et a pris pied sur le terrain républicain, c'est que le gouvernement de la République ne s'inquiète pas de cette situation et ne fait pas pour l'organisation intérieure et la défense intérieure de la République ce qu'il doit faire avec le concours des bons citoyens. Nous n'en sommes pas là. Et M. Joseph Fabre a parfaitement raison de poser cette question indiscrète qu'il doit poser ces jours-ci au gouvernement, en lui demandant comment il aperçoit le danger et quels moyens il compte prendre pour y parer. (*Applaudissements.*)

Les leçons du passé

On s'explique difficilement qu'un gouvernement, à l'heure actuelle, ait pu se laisser entraîner jusqu'au point où nous sommes. Nous revivons les jours de 1849, ces jours qui ont suivi la seconde République, ces jours où, après quelques mois d'allégresse et d'enthousiasme, on en était arrivé à la tristesse et au découragement, avant d'en arriver à la défaite définitive. C'est l'histoire de 1849 que nous recommençons. On bénit de nouveau les arbres de la liberté, ils en sont morts, tâchons de préserver les nôtres. (*Vifs applaudissements.*) Et surtout rendons-nous compte des causes profondes qui, après 25 ans, mènent la République de 1870 aux mêmes périls qui, en 1849, ont menacé et en 1851 ont fait succomber la seconde République. C'est l'esprit étroit et égoïste de conservation qui est la cause de cette alliance nouvelle. Nous recueillons les fruits de la loi de 1850 qui a divisé ce pays et a fait pénétrer dans l'esprit de la bourgeoisie, restée jusqu'alors libérale, et, comme on disait, voltairienne, l'esprit qu'on a appelé l'esprit nouveau et qui est le plus ancien de tous, celui de l'Eglise. (*Applaudissements.*)

Et, d'un autre côté, nous sentons l'action de l'esprit conservateur, égoïste, de la grande finance, qui, par mille moyens, envahit chacune des consciences.

Je citais, il y a deux ou trois mois, car cette question m'avait beaucoup frappé, les procès-verbaux de la loi de 1850, de la commission préparatoire. On a alors assisté à un spectacle qui devrait être resté dans la mémoire de tous les Français. Des hommes comme M. Thiers et des hommes comme M. l'évêque Dupanloup élaboraient en commun la future loi sur l'enseignement secondaire, et l'on voyait ce spectacle singulier : l'évêque Dupanloup, refusant les présents d'Artaxercès, trouvant que l'on voulait mettre trop dans la main de l'Eglise l'éducation de la jeunesse, et, d'un autre côté les anciens libéraux, pris par la peur du socialisme — c'est toujours la même histoire, — (*Très bien! très bien!*) et disant : Il n'y a plus qu'un salut pour la société, c'est l'éducation des générations nouvelles par l'Eglise; il faut mettre dans ses mains la direction des esprits et des consciences pour être sûrs non pas que ces esprits et ces consciences seront en sécurité, mais que nos intérêts personnels seront en sécurité. (*Vifs applaudissements.*)

C'est la même alliance, et elle peut malheureusement conduire aux mêmes résultats.

L'union nécessaire

Soyons clairvoyants, comprenons la nécessité de nous unir, nous tous qui avons le sentiment de ce péril, pour résister à ce danger. (*Assentiments.*)

Et voici ma conclusion. Je fête avec vous aujourd'hui cette union qui se manifeste et par les paroles qui ont été prononcées et par la présence des hommes qui sont ici.

C'est la première fois, remarquez-le, que se réunissent à la même table pour causer, librement, en commun, des résolutions à prendre, les présidents des trois groupes que j'appelle les groupes de gauche de la Chambre et du groupe de gauche du Sénat. Vous avez entendu Isambert, vice-président de la Chambre et président du groupe progressiste, Dujardin-Beaumetz et Goblet — j'ai l'habitude de dire M. Goblet par un ancien et affectueux respect, pour sa personne, aujourd'hui je supprime le « monsieur » (*Vifs applaudissements*). — Vous avez entendu M. Peytral le président actuel et M. Baduel, le président sortant du groupe de la gauche démocratique du Sénat.

Ne sentez-vous pas la signification de cette manifestation? Ne comprenez-vous pas ce que nous saurons faire sortir de ce groupement? Des hommes qui diffèrent sur bien des points, qui gardent leur liberté personnelle de pensée et d'action, — cela est utile et nécessaire, — mais qui sentent qu'il faut d'abord combattre le péril et assurer le salut et qui le disent clairement et publiquement devant la France entière, ne sentez-vous pas ce qu'il y a de force dans cette manifestation d'opinion? (*Applaudissements.*)

C'est cette union que je fête, c'est à elle que je bois. Et

ce que je souhaite passionnément, c'est que nous donnions un lendemain à cette fête, que nous n'abandonnions pas nos bons rapports. Ce n'est pas seulement autour d'une table, tous les trois ans, pour fêter une vingtaine de nouveaux sénateurs démocrates que nous devons nous réunir, c'est plus souvent, c'est dans les Chambres même, que nous devons nous réunir souvent et nous concerter.

Il faut qu'incessamment un accord s'établisse, qu'un échange de rapports se perpétue entre les trois groupes républicains de la Chambre et celui du Sénat. Il faut que, chaque fois que nous aurons une question de tactique à discuter, une question de programme momentané à résoudre, nous nous voyions, nous nous entendions, nous nous tournions ensemble vers la lumière. (*Très bien !*)

Notre action commune

Messieurs, on a touché un certain nombre des questions qui se poseront prochainement dans les Chambres, on a parlé de l'attitude que nous avions à prendre et dans le Parlement et sur le terrain électoral. Ce que j'ai dit est presque suffisant pour répondre aux préoccupations qui peuvent être dans vos esprits. Je crois que deux devoirs s'imposent à nous. Le premier — M. Goblet l'a formulé ici et dans son discours de l'autre jour — c'est d'enlever le plus rapidement possible la direction des affaires à l'esprit clérical et réactionnaire. (*Applaudissements.*)

Nous soutiendrons loyalement ceux qui entreprendront cette tâche et en même temps essaieront de réaliser, d'ici à la fin de la législature, le plus grand nombre possible des réformes que nous attendons. (*Très bien !*).

Nous avons aussi un devoir plus haut et plus large : nous devons considérer le moment où le suffrage universel aura la parole, et arrêter en commun les termes du programme général qui devra lui être soumis. C'est là surtout désormais, que notre effort doit se porter. (*Bravos.*)

La concentration des idées

Ce que je souhaite avant tout, c'est que dans la Chambre prochaine, nous sortions enfin de l'état d'incohérence et de désorganisation dans lequel ont vécu les Chambres républicaines. J'ai été, je crois, le dernier partisan de cette politique de bonne administration provisoire, qui s'appelait la concentration républicaine et qui m'avait paru la politique nécessaire jusqu'à la fin de cette législature. Mais, comme le disaient Dujardin-Beaumetz l'autre jour, et comme l'a répété Goblet, à la concentration ancienne des personnes, il faut substituer la concentration des idées. (*Applaudissements.*) C'est par là seulement, au point de maturité où en est venue la République, qu'on peut espérer mettre en pratique la véritable politique parlementaire.

Les deux partis

Il faut que, dans la Chambre prochaine, les deux partis soient constitués. Nous savons maintenant qui prendra la direction de l'un des deux. Il n'y a plus de doute, il ne sera plus question de la monarchie, mais il sera question de conservation, et vous savez ce que cela veut dire. Il s'agira de conservation au point de vue intellectuel et social plus encore qu'au point de vue politique. (*Vifs applaudissements.*) On essaiera d'atteindre la liberté de pensée en voulant modifier ou abolir la loi scolaire, l'égalité établie par la loi militaire, la fraternité elle-même par la politique des classes, encore une fois substituée à la politique de la solidarité.

Notre programme commun

Nous avons à répondre par l'affirmation du programme qui place la liberté de conscience au-dessus de tout, qui veut l'État souverain chez lui, qui entend que le suffrage universel soit véritablement maître dans tout le pays, et ne trouve aucune volonté pour faire obstacle à la sienne, qui réglera la question des élections et celle des attributions des deux Chambres, de manière à laisser toujours le dernier mot, dans les questions essentielles, au suffrage universel, (*Vifs applaudissements*) qui établira enfin la justice dans l'impôt. Ce n'est pas ici le lieu de discuter en détail tels ou tels projets. Nous disons que la justice ne pourra être réalisée dans l'impôt qu'à l'aide d'un impôt général sur le revenu dans lequel les petits soient dégrevés et dans lequel les riches paient leur véritable part. (*Longs applaudissements.*)

Nous formerons ainsi un programme assez net et assez large pour que ceux qui ne sont pas sincères ne puissent pas l'accepter, et pour que ceux qui ont de la bonne volonté, dussent-ils faire des réserves sur certains points ou aller au-delà, puissent vraiment accepter ce programme minimum et nous donner la main pour la marche en avant. (*Vive approbation.*)

La Gauche

Alors, on aura fondé la Gauche dans la République. Nous savons où est la droite. Sachons fonder la Gauche définitive dans la République définitive.

Je bois à la gauche démocratique du Sénat qui a réuni tous ceux qui appartiennent à cette gauche définitive; je bois à l'union dans les Chambres des groupes ici représentés. Cette union assurera aux élections générales prochaines le triomphe de la politique démocratique; c'est à ce triomphe prochain qu'avec vous tous, je lève mon verre. (*Triple salve d'applaudissements et bravos prolongés.*)

LES DISCOURS

A la fin du repas, plusieurs discours ont été prononcés nous les publions également *in extenso*.

M. Léon Bourgeois donne la parole à M. Baduel, président sortant de la Gauche démocratique du Sénat.

M. Baduel donne lecture des lettres d'excuses et des adresses de félicitations d'un grand nombre de comités démocratiques des départements, puis il s'exprime en ces termes :

DISCOURS DE M. BADUEL

Président sortant de la Gauche démocratique du Sénat

Messieurs,

Au nom du Comité d'action pour les réformes républicaines, je suis heureux de saluer nos invités: MM. les sénateurs nommés le 3 janvier, qui se sont fait inscrire au groupe de la gauche démocratique.

Mais il me semble que ce fraternel salut doit aller, aussi, et de tout cœur, aux vaillants électeurs sénatoriaux qui, bravant une pression officielle sans exemple, ont eu le courage civique de donner leurs suffrages aux candidats qui se réclamaient du vieux programme républicain. (*Applaudissements.*)

Saluons aussi ceux de nos amis qui n'ont pu, cette fois, remporter la victoire; le nombre des suffrages qu'ils ont obtenus, est tel que nous pouvons, sans témérité compter sur de sûrs et prochains triomphes.

Je remercie MM. les membres du Parlement, les notabilités du parti républicain, les membres de la presse qui ont bien voulu répondre à notre appel.

Je remercie surtout notre ami M. Léon Bourgeois d'avoir bien voulu accepter la présidence de cette fête démocratique, (*Applaudissements*).

Nous sommes doublement fiers, mon cher président, de vous voir au milieu de nous, car nous sommes heureux de constater que vous venez de donner à nos gouvernants une piquante leçon de choses.

Dans notre France républicaine, que vous avez si loyalement servie depuis tant d'années, on vous traite en suspect, j'allais dire en pestiféré, car on interdit aux fonctionnaires d'assister aux réunions que vous présidez et l'on disgracie sans pitié les préfets que vous avez nommés. Dans une nation voisine, vous venez d'être reçu avec une déférence affectueuse, une cordiale estime que vous envient bien des personnages officiels. *(Applaudissements répétés.)* Ces témoignages éclatants de confiance et de respect, vous les devez au seul prestige de votre talent et de votre honnêteté, *(Bravos)* de votre inébranlable fidélité à vos convictions politiques et, aussi, à l'incontestable influence qu'on vous reconnaît partout sur l'opinion publique de notre cher pays. *(Vive approbation.)*

Et, maintenant, messieurs, permettez-moi d'exposer, en quelques mots, à nos nouveaux collègues du Sénat, à vous tous qui assistez à ce banquet républicain, le rôle et le but du Comité d'action pour les réformes républicaines, qui a pris l'initiative de cette réunion.

La raison d'être de notre association est la nécessité de l'organisation complète du parti républicain, en vue des prochaines élections. Ce sera, vous le sentez bien, la lutte suprême. Si le parti démocratique l'emporte, nous aurons enfin la République vraie, substituée à la République purement nominale. Si le pays nomme une majorité de réacteurs composée de monarchistes, de ralliés, d'opportunistes, c'en est fait des réformes républicaines. *(Nombreux applaudissements.)*

Une fois de plus et pour longtemps peut être, la marche en avant sera interrompue et la réaction ploutocrate barrera la route à la démocratie. *(Approbation.)*

Le Comité d'action a pour but de mettre le parti démocratique en état de lutter avec avantage, avec certitude de succès. Mais il est urgent d'organiser nos forces puisque, déjà, a commencé l'œuvre néfaste de la candidature officielle organisée par un ministre allié de la droite, alors que, trois jours avant de prendre le pouvoir, il dénonçait comme indigne le cabinet républicain qui gouvernerait avec l'appui des irréconciliables ennemis de nos institutions. *(Applaudissements prolongés.)*

On reprend, vous le savez, à la place Beauveau, les louches pratiques des hommes du 16 Mai. *(Applaudissements);* Les préfets et les sous-préfets ne doivent plus être des administrateurs impartiaux et vigilants travaillant dans l'intérêt de tous les citoyens, mais les agents sans scrupules d'une guerre sans merci, audacieusement déclarée à tous les vieux républicains indépendants qui, au prix de bien des luttes, de bien des sacrifices ont fondé la République, dont on veut les bannir aujourd'hui. *(Applaudissements répétés.)*

Unissons-nous donc, messieurs, comme le firent au 16 Mai, les 363 *(Bravos.)* et, comme eux, si nous sommes fortement organisés, nous l'emporterons, bien avant même les élections, sur les éternels ennemis du progrès et des réformes démocratiques.

Pour marcher au combat, il faut nous grouper autour de notre programme comme autour du drapeau.

Le programme du Comité d'action est clair et précis et j'ai le devoir de vous l'exposer.

— Nous voulons faire entrer dans le domaine des faits accomplis les promesses tant de fois prodiguées au peuple depuis 26 ans; appliquer dans son intégralité le vieux programme républicain; poursuivre sans défaillance et sans répit l'avènement de la justice sociale pour les humbles travailleurs de la terre et de l'atelier, en faisant du principe de la solidarité une réalité vivante. *(Applaudissements prolongés).*

D'une façon précise, ce programme minimum peut se résumer ainsi :

— Revision partielle de la Constitution, déterminant les droits financiers et législatifs de chacune des Chambres;

— Lois de retraite, de prévoyance et de garantie contre la maladie, le chômage, la vieillesse et les accidents des ouvriers de l'agriculture et de l'industrie;

— Réformes fiscales et financières et, en particulier, impôt sur le revenu;

— Enfin, résistance énergique aux empiétements du cléricalisme et à l'immixtion du pape dans la politique de la France. *(Salves d'applaudissements).*

Messieurs,

Nous convions tous les républicains sincères à collaborer à notre œuvre; nous leur demandons de nous prêter leur concours efficace contre la réaction, contre le parti qui renferme pêle-mêle les partisans des régimes déçus et déchus, et les convertis à la République, à bon droit suspects; contre ceux, enfin, qui se croient peut-être républicains, parce qu'ils l'ont été jadis, mais qui, ayant pratiqué pendant des années l'accaparement de la chose publique et ne songeant plus qu'à défendre des privilèges et des abus qui n'ont que trop duré, barrent systématiquement la voie à tout progrès démocratique. *(Vifs applaudissements.)*

Messieurs, je bois à la réalisation de ce programme, au prochain triomphe de la République démocratique, à nos invités, à notre cher président. *(Double salve d'applaudissements.)*

M. Léon Bourgeois donne la parole à M. Isambert, vice-président de la Chambre :

DISCOURS DE M. GUSTAVE ISAMBERT

Vice-Président de la Chambre des Députés, Président sortant de l'Union progressiste

Messieurs, je ne veux pas prononcer de discours, je veux simplement envoyer le salut des républicains progressistes de la Chambre au groupe démocratique du Sénat.

L'union dans la recherche des meilleures réformes serait certainement le meilleur moyen d'écarter toutes les chances de conflit entre les deux Chambres. J'avoue que les élections dernières nous font voir assez proche la perspective d'une majorité possible dans la Chambre haute. *(Applaudissements.)*

Je ne vais pas jusqu'à dire que j'attends qu'une majorité sénatoriale nous fasse honte dans la voie des réformes, parce que, avant que cette majorité soit aussi complètement acquise que nous le voudrions, le suffrage universel aura aussi statué sur nous. *(Approbations).*

J'envoie le salut des députés démocrates aux démocrates du Sénat. *(Applaudissements).*

M. Léon Bourgeois donne la parole à M. Laterrade, sénateur doyen des nouveaux sénateurs élus.

DISCOURS DE M. LATERRADE

Sénateur du Gers

Je commence par remercier les membres du Comité d'action pour les réformes républicaines de l'honneur qu'ils nous ont fait en nous invitant à ce banquet fraternel; je remercie aussi l'ancien président de notre groupe sénatorial, l'honorable M. Baduel, des termes dans lesquels il nous a souhaité la bienvenue. Encouragés par ses paroles, nous nous efforcerons de suivre nos devanciers dans la voie qu'ils nous ont tracée et d'y marcher, avec eux, d'un pas égal vers les réformes démocratiques.

Je ne ferai ainsi que me conformer aux vœux les plus ardents des électeurs du Gers qui se sont distingués, cette fois, en envoyant siéger au Sénat trois radicaux-socialistes. *(Applaudissements.)*

Oui, les électeurs du Gers sont, comme moi, affamés de réformes et ils savent qu'on ne peut les réaliser toutes sans toucher plus ou moins à l'édifice social; mais, s'il faut bien se garder de le détruire, *(Applaudissements,)* c'est d'une main ferme qu'il faut travailler à sa réparation, qui doit avoir lieu depuis le faîte jusqu'à la base. *(Bravos.)*

On n'est plus dupe des vaines promesses, depuis que, grâce à l'instruction obligatoire, le sens politique a pénétré la population tout entière; ce qu'il faut aujourd'hui, ce sont des actes et non des paroles et je puis dire, pour ma part, que si le nom de Bourgeois, de l'homme d'État déjà célèbre qui nous préside aujourd'hui, est resté si populaire jusque dans les campagnes les plus reculées du Gers et probablement de bien d'autres départements, c'est parce que le ministère dont il était le chef a su, le premier, s'occuper résolument de la réforme de l'impôt qui pèse si lourdement sur nos malheureuses populations agricoles. (Applaudissements répétés).

Mais les réformes matérielles ne suffisent pas; il faut aussi des réformes sociales (Approbation); il faut surtout travailler à combler peu à peu le fossé encore si large et si profond qui sépare la société en deux parties inégales, laissant, d'un côté, bien haut, vers la droite, la *caste des messieurs*, comme je les appelle, qui comprend ceux qui ont horreur de tout travail servile ou manuel et qui méprisent profondément ou du moins tiennent en fort médiocre estime les ouvriers sur lesquels retombe en entier la charge des travaux humiliants et pénibles. (Vifs applaudissements.)

Pour mener tout cela à bonne fin, il faut certainement que la République soit à la fois démocratique et sociale; mais je me hâte de dire que, dans mon esprit, démocratie et réformes sociales sont symboles de justice et de fraternité (Bravos prolongés) et je termine en levant mon verre:

A l'avènement prochain du règne de la justice sociale,

A la fraternité. (Double salve d'applaudissements.)

M. Léon Bourgeois donne la parole à M. Abeille, sénateur.

DISCOURS DE M. ABEILLE
Sénateur de la Haute-Garonne

Au nom d'Ournac et au mien, je remercie le Comité d'action pour les réformes républicaines, mes collègues de la Gauche démocratique du Sénat, mes collègues de la Chambre des députés et les vaillants amis qui nous font le grand honneur de nous convier à cette manifestation démocratique.

Ce grand honneur, immédiatement, je le reporte tout entier à nos départements, aux délégués, dont la volonté souveraine et résolue a fait du 8 janvier une journée républicaine. (Bravos !)

En présence d'un cabinet qui s'appuie sur la droite, d'un cabinet dont tous les coups et toutes les colères sont dirigés vers les républicains démocrates, les électeurs se sont levés, et, dédaignant les promesses et les menaces, ont marché droit au combat et ont remporté la victoire. *(Applaudissements.)*

Honneur à eux!

A nous maintenant, mes chers collègues, d'en finir avec les divisions mesquines et les compétitions plus mesquines encore, qui font toute la force du ministère actuel, et de donner au pays qui l'attend un cabinet sincèrement réformateur et d'orienter définitivement notre politique vers cet idéal de libre examen et de solidarité sociale, sans lequel la République ne serait plus qu'un mirage trompeur. *(Vive approbation.)*

Je vous demande la permission de lever mon verre à la petite patrie, au département de la Haute-Garonne, aux vaillants électeurs de la plaine et la montagne qui ont bravement lutté contre la candidature officielle, qui se sont battus avec un entrain admirable et dont on peut dire qu'ils ont porté le coup le plus sensible à nos adversaires, qui ont ouvert une large brèche à la politique des ralliés, qui ont creusé un grand trou *(Rires et applaudissements)* où passeront et viendront s'enfouir toutes les tentatives de nos ennemis, un trou qui restera très certainement le signe extérieur et intérieur des élections du 3 janvier et la consécration éclatante de notre victoire. *(Nouveaux rires et bravos répétés.)*

Je bois à tous les délégués de France et plus intimement aux électeurs de la Haute-Garonne et de la montagne. *(Applaudissements.)*

M. Léon Bourgeois donne la parole à M. Bernard, sénateur.

DISCOURS DE M. BERNARD
Sénateur du Doubs

Ancien président de la Gauche démocratique et membre fondateur de ce groupe, vous me permettrez de souhaiter une cordiale bienvenue à ceux de nos collègues du Sénat qui se sont joints à nous depuis l'élection du 3 janvier.

Il y a quelques années seulement que la Gauche démocratique s'est constituée, et les élections qui se succèdent nous apportent des adhésions chaque jour plus nombreuses.

Nous étions 11 au début, nous sommes aujourd'hui 9) et le jour n'est peut-être pas très éloigné où cette minorité qu'on affectait, dans un certain milieu politique, de considérer comme quantité négligeable, deviendra la majorité *(Applaudissements.)*

C'est là le but que nous devons poursuivre et nous l'atteindrons

si nous marquons résolument la place que nous entendons garder
dans l'assemblée à laquelle nous appartenons.

Nous tenons à honneur d'être, au Sénat, l'avant-garde du parti
républicain, et aujourd'hui que les assises du groupe, en s'élargis-
sant, sont devenues plus solides, le moment est venu de donner
à la gauche démocratique plus de discipline, plus d'initiative,
plus de cohésion. *(Approbation.)*

Sans doute, nous pouvons avoir des vues personnelles, diver-
gentes même, sur la solution à donner à certains problèmes de
l'ordre économique et social ; mais, nous pouvons, nous devons
faire l'union, une union complète sur un programme clairement,
nettement défini, et ce programme n'est autre que celui du vieux
parti républicain que notre éminent président du banquet avait
courageusement repris, et que ses successeurs paraissent avoir
oublié. Dégageant ce programme de formules un peu trop générales,
nous disons, tout d'abord, que nous ne voulons être ni dupes,
ni complices de ces compromissions parlementaires qui attristent
aujourd'hui les vrais amis de la République, décidés que nous
sommes à ne donner notre confiance qu'à des hommes qui
orienteront leur politique à gauche, rien qu'à gauche, toujours à
gauche. *(Applaudissements prolongés.)*

Sur ce point, il ne peut y avoir, il n'y a pas de dissentiment
entre nous.

Il n'y en a pas non plus, en principe du moins, j'en suis con-
vaincu, sur la nécessité d'élargir, dans un esprit démocratique,
le mode du scrutin sénatorial.

Je sais les objections que peut soulever l'opinion de ceux qui
voudraient résoudre cette délicate question par le suffrage universel ; ces objections sont sérieuses, mais je dis que plus nous nous
en rapprocherons, plus nous fortifierons l'autorité même du
Sénat, plus nous rendrons facile, étroite, la concordance de vues,
l'affinité politique qui doit exister entre les deux assemblées.

Il en est de même encore, de la *révision de la Constitution.* La
question de révision s'est posée devant le Parlement et le pays,
avec un caractère particulier de gravité, il faut bien le dire, à la
suite du conflit soulevé avec le précédent cabinet ; il faut la résoudre, si on veut éviter de nouvelles crises qui ne peuvent réjouir
que les adversaires de nos institutions. *(Applaudissements.)*

Il importe, en effet, de déterminer, avec une plus grande préci-
sion, les attributions financières et politiques de l'une et de l'autre
Chambre et de reviser, sur ce point particulier, tout au moins,
des textes qui, quoi qu'on en ait dit, soulèvent d'irritantes con-
troverses. L'harmonie, dans le Parlement, n'est possible qu'à
cette condition.

Enfin, nous demandons, avant tout, la réforme de notre régime fiscal. L'heure n'est pas venue d'examiner les nouvelles propositions financières dont le gouvernement, paraît-il, va saisir le Parlement, mais; quant à moi, j'estime que cette réforme n'est pas celle que le pays attend et qu'il faudra bien, un jour ou l'autre, revenir à la solution préconisée par le précédent cabinet, la seule, à mes yeux, logique et équitable. (*Vive approbation.*)

En ce qui concerne l'impôt, on peut soutenir que la progression seule donne la véritable proportionnalité ; mais, quel que soit notre sentiment personnel sur la meilleure des solutions, nous reconnaissons tous la nécessité inéluctable de remanier notre système d'impôt, pour en faire disparaître les choquantes inégalités.

C'est, dans l'ordre économique, une œuvre de progrès, dans l'ordre social, une œuvre de justice que la République aurait dû, depuis longtemps, accomplir.

Si elle ne l'est pas encore, cela n'a pas dépendu de nous, le pays le sait et ne l'oubliera pas. (*Bravos.*)

Le programme que je ne fais qu'indiquer n'est pas ambitieux, mais, si modeste qu'il soit, il donnerait incontestablement, à l'heure présente, satisfaction aux aspirations de la démocratie républicaine, et nous sommes unanimes, dans la gauche démocratique, croyez-le bien, pour en poursuivre, avec fermeté, la réalisation. (*Applaudissements.*)

Décidés à n'abandonner aucun des droits de la société laïque, à déjouer les manœuvres cléricales qui se pratiquent au grand jour et sur lesquelles, dans les sphères gouvernementales, on semble fermer les yeux avec une indifférence pleine de scepticisme, qui confine à la complicité, nous tendons fraternellement la main à nos amis de la Chambre des Députés, qui veulent, avec nous faire avancer la démocratie, pacifiquement, mais résolument dans les voies du progrès et de la justice sociale. (*Applaudissements.*)

Je bois aux réformes démocratiques, et pour les faire aboutir, à l'union des républicains démocrates ! (*Applaudissements répétés.*)

M. Léon Bourgeois donne la parole à M. Peytral sénateur.

DISCOURS DE M. PEYTRAL

Vice-président du Sénat — Président de la Gauche démocratique.

Messieurs, je me reprocherais de retarder le moment où il nous sera possible d'entendre notre ami M. Bourgeois. Aussi me permettrez-vous de remercier très simplement, le Comité d'action pour les réformes républicaines, qui a bien voulu se charger d'organiser cette fête fraternelle. Je le remercie au nom du groupe de la Gauche démocratique du Sénat, et, si on veut bien me le permettre, au nom de la démocratie tout entière. (*Très bien ! Très bien !*)

La journée du 3 janvier qui nous a donné des collègues qui ont bien voulu se faire inscrire à notre groupe et qui ont ainsi grossi les rangs du parti radical au Sénat, cette journée est à mon sens remarquable à plus d'un titre. Elle a fourni aux électeurs sénatoriaux, un moyen nouveau de montrer la liberté de leur conscience et la franche allure de leur vote.

Elle a, par cela même, répondu à un reproche qu'on a pu adresser quelques fois au suffrage sénatorial en affectant de le considérer comme trop susceptible de se laisser séduire par des promesses.

Cette journée, à mon sens, a une portée plus haute encore, et vous en avez été, j'en suis sûr, frappés comme moi. Ne trouvez-vous pas qu'il, est bon de signaler que, dans notre pays qui depuis 25 ans, vit sous un régime d'étiquette républicaine, pour la première fois ceux en qui nous pouvions avoir le plus de confiance, les républicains les plus fermes, se sont décidés à entreprendre fermement la lutte sur le terrain même dont ils semblaient s'être exclus depuis de nombreuses années ? (*Applaudissements.*)

Il y a là un signe caractéristique.

Si notre victoire a été satisfaisante au dernier renouvellement triennal, elle sera, j'en suis sûr, bien plus complète encore au prochain renouvellement. De là sorte nous pourrons pacifiquement, légalement, par le fonctionnement régulier de cette Constitution, que nous n'avons pas tous approuvée, arriver à conquérir les pouvoirs publics, nous qui sommes partisans de ce programme dont M. Bernard développait tout à l'heure les principales lignes.

Voilà quelle est, pour moi, la signification du scrutin du 3 janvier. Je me félicite qu'il ait amené dans nos rangs, des démocrates éprouvés, sincères, convaincus, ayant depuis longtemps voué toute leur existence à la défense de la démocratie. Je me félicite aussi qu'il ait amené dans nos rangs au Sénat quelques-uns de nos excellents collègues de la Chambre avec qui nous luttons depuis longtemps et qui nous aideront dans la tâche à remplir.

C'est dans cette pensée que je bois à l'union des groupes radicaux de la Chambre et du Sénat. (*Applaudissements.*)

M. Léon Bourgeois donne la parole à M. Goblet, président du groupe radical socialiste de la Chambre :

DISCOURS DE M. RENÉ GOBLET

*Ancien président du conseil. — Président du groupe radical
socialiste de la Chambre des députés*

Messieurs, je ne figurais pas sur la liste des orateurs de ce banquet; mais je me l'explique parfaitement. Je suis vraiment bien peu qualifié pour porter la parole dans un banquet offert aux sénateurs nouvellement élus, moi qui suis un transfuge du Sénat. (*Rires et applaudissements*).

Cependant, puisque vous l'exigez, je viens bien volontiers, à mon tour, au nom du groupe radical-socialiste que je préside à la Chambre (*Applaudissements*), apporter nos félicitations cordiales aux nouveaux élus dont vient de se renforcer la gauche démocratique de la haute Assemblée.

Nous avons entendu tout à l'heure l'honorable doyen de ces nouveaux sénateurs. Je ne veux caractériser son discours que par un mot: je souhaiterais que beaucoup de jeunes gens au Sénat et à la Chambre fussent animés des sentiments généreux qu'il a si éloquemment exprimés (*Très bien*).

Je n'espère pas beaucoup, cependant, que l'attitude politique de la haute Assemblée soit grandement modifiée par ces élections. La majorité, qui s'apprête en ce moment, à travers le trou dont on parlait tout à l'heure, à réintégrer dans ses rangs, d'autorité, un ancien membre que le collège électoral n'a pas élu (*Très bien ! Très bien !*), nous montre quels sentiments animent le Sénat et de quelle force l'esprit de résistance y dispose encore. Mais, nous en triompherons là comme ailleurs, j'en ai la conviction, grâce à nos amis qui se trouvent maintenant plus nombreux dans la place, et aussi, il faut le dire et ils peuvent y compter, grâce à l'appui du suffrage universel (*Applaudissements*).

C'est là surtout ce que je considère comme particulièrement satisfaisant dans le succès incontestable des élections du 3 janvier; succès incontestable, cette réunion d'aujourd'hui, si nombreuse, si vibrante, en témoigne, succès qu'on essayerait vainement de mettre en doute, puisqu'on est obligé de reconnaître qu'à ces élections, le parti radical est le seul qui ait gagné du terrain. (*Assentiment*).

Mais il faut se présenter devant le suffrage universel avec toutes les forces coalisées de la démocratie. (*Applaudissements.*) Je représente un groupe qui s'appelle le groupe radical-socialiste. C'est le titre même que s'attribuait tout à l'heure l'honorable sénateur que vous avez entendu. Ce groupe s'est donné principalement pour but de servir de trait d'union entre les radicaux et les socialistes, sur un programme commun ne visant que les réformes actuellement réalisables *(Applaudissements.)* Et vraiment, cette union est-elle impossible ? Socialistes, nous le sommes tous, non seulement ceux à qui leur imagination fait prévoir dans un avenir plus ou moins lointain, une transformation complète de la société qui nous paraît chimérique, mais aussi nous tous ici qui ne demandons qu'au développement de la liberté et au progrès des lois, l'amélioration du sort du plus grand nombre. *(Applaudissements.)*

Quand notre honorable président nous parle du devoir social et invoque la solidarité comme le principe moderne de l'action politique, il fait du socialisme, lui aussi, et dans le meilleur sens du mot. *(Très bien !)* Sur ce terrain, nous pouvons donc nous unir. En face d'adversaires qui, autrefois, déclaraient que le principal ennemi de la République, c'était le cléricalisme et qui aujourd'hui n'hésitent plus à mettre leur main dans celle des cléricaux, les démocrates seraient bien imprudents et bien aveugles s'ils ne savaient pas s'unir pour la lutte décisive.

Ce sont nos adversaires eux-mêmes qui, tous les jours, nous en rappellent la nécessité.

Hier encore le journal le *Temps* commentant les paroles que j'avais adressées au groupe radical-socialiste, disait : « Les radicaux n'espèrent plus que dans les élections ; l'espoir n'est pas défendu aux vaincus. » Vaincus ? comment ? où donc ? pas aux élections, assurément. Vaincus à la Chambre, oui ! quand cette Chambre, après avoir soutenu pendant six mois de sa confiance le ministère progressiste, l'a laissé un beau jour tomber et qu'elle a permis qu'on lui imposât un ministère formé en contradiction avec ses votes et qui était un véritable défi à ses droits et à sa dignité.

Ce n'est pas la première fois, je pense, que le pays a été trahi par ses gouvernants. Que dis-je ? La Chambre elle-même s'est trahie ce jour-là ; elle s'est livrée et elle subit encore aujourd'hui les conséquences de son abdication.

Que les tristes vainqueurs du 30 avril jouissent de leur reste ; les élections sénatoriales viennent de leur signifier un premier avertissement ; c'est aux élections générales maintenant que nous leur donnons rendez-vous. *(Applaudissements répétés et prolongés.)*

M. Léon Bourgeois donne la parole à M. Dujardin-Beaumetz, président de la la Gauche progressiste de la Chambre :

DISCOURS DE M. DUJARDIN-BEAUMETZ

Président de la Gauche progressiste de la Chambre des députés

Messieurs, je ne m'attendais pas à l'honneur de parler aujour-
d'hui et je ne veux pas retarder l'instant où notre ami Léon
Bourgeois vous dira avec sa parole éloquente les sentiments qui
sont ceux du groupe radical que j'ai l'honneur de présider à la
Chambre.

Je crois, et je crois fermement que cette Chambre saura, avant
son départ, revenir à des décisions conformes à la volonté du
pays. Mais si elle n'y venait pas, nous avons la plus ardente
confiance dans le peuple et dans le suffrage universel, et c'est à
cette victoire prochaine que je bois. (*Vifs applaudissements*).

LE BANQUET

Revenons maintenant aux détails de l'organisation du
banquet :

Le Menu

Voici le menu du déjeuner :

Hors-d'œuvre variés
Sole à la Dieppoise
Filet de bœuf sauce Madère
Pommes à la Crème
Poulet rôti au Cresson
Pâté de Gibier à la gelée
Cèpes à la Bordelaise
Glace Danitchef
Gaufrettes
Fruits et Desserts
Graves et Fronsac
Margaux 1884
Champagne frappé
Café et Liqueurs

La table d'honneur

M. Léon Bourgeois, président, avait, à sa droite, à la table d'honneur, MM. Peytral, président de la Gauche démocratique du Sénat; Dujardin-Beaumetz, président de la Gauche progressiste de la Chambre; Berthelot, sénateur, vice-président de la Gauche démocratique; Combes, Mesureur, anciens ministres ; Abeille, Bourgeois (du Jura), Signard, Leydet, Treille, Ducoudray, nouveaux sénateurs ; de Verninac, sénateur ; de Laporte, député, vice-président de la Gauche progressiste; Codet, député ; membre du bureau de la Chambre; Tony-Révillon, ancien député.

A sa gauche, MM. Baduel, président sortant de la Gauche démocratique du Sénat ; Isambert, vice-président de la Chambre des députés, président sortant de l'Union progressiste; Goblet, président du groupe radical socialiste; Lockroy, Guieysse, anciens ministres ; Laterrade, Ournac, Talou, Milliès-Lacroix, Perréal, Laubry, nouveaux sénateurs ; Bernard, ancien président fondateur de la Gauche démocratique du Sénat; Gervais, président du Conseil général de la Seine ; Abel, Decker-David et Mougeot, députés, secrétaires de la Chambre.

Les sénateurs

Voici d'ailleurs les noms de tous les membres du Parlement qui assistaient au banquet.

Sénateurs nouveaux : MM. Abeille, J. Bourgeois (du Jura), Ducoudray, Laubry, Laterrade, Leydet Milliès-Lacroix, Ournac, Perréal, Talou, Signard Treille.

Sénateurs : Allègre, Allemand, Baduel, Barodet, Bastide, Bayol, Bernard, Berthelot, Bézine, Bizot de Fonteny, Combes, Darbot, Dellestable, Delpech, Desmons, Destieux-Junca, Dulac, Galtier, Gauthier, Gérente, Hérisson, Leporché, Monier, Pauliac, Peytral, Régismandet, Taulier, Velten, de Verninac, Vilar.

Les députés

MM. Abel, Alasseur, Bascou, Bazille, Beauquier, Alexandre Bérard, Berteaux, Boissy-d'Anglas, Bony-Cisternes, Léon Bourgeois, Bourrat, Brunet, César Lainé, Chambige, Chamerlat, Chandioux, Chapuis, Chenavaz, Clapot, Codet, Compayré, Decker-David, Defontaine, Delarue, Delanne, Deproge, Delmas, Derveloy, Dindeau, Dujardin-Beaumetz, Dutreix, Fiquet, Forcioli, Gacon, Sébastien Gavini, Gendre, Genet, Genoux-Prachée, Gerville-Réache, Goblet, Goujot, Guieysse, Guillemet Alphonse, Humbert, Isaac, Isambert, Lagnel, Lucé de Casabianca, de Laporte, Lévecque, Lhopiteau, Lockroy, Mesureur, Masson, Merlou, Montaut, Mougeot, Pams, Pédebidou, Pétrot, Pochon, Rabier, Reboulin, Rivet, Samary, Vallé, Ville, Villejean, Vival, Vuillod.

Assistaient également au banquet, MM. Tony Révillon, Marmonier, Périllier, Dr Langlet, anciens députés ; Gervais, président du conseil général de la Seine, Barrier, Blanchon, Piettre, conseillers généraux de la Seine, Paris, Ranson, Rebeillard, Viguier, conseillers municipaux de Paris, Duval, adjoint au maire du onzième arrondissement, Andrieu, conseiller à la Cour d'appel, Lourdel de Hénaut, président du comité radical socialiste de Seine-et-Oise, Aimond, René Renoult, Guillain, Lefèvre, Coquerel, et un grand nombre de présidents et de membres de comités démocratiques des départements (Seine, Seine-et-Oise, Oise, Somme, Seine-et-Marne, etc.), et de membres du comité directeur du Comité d'action pour les réformes démocratiques.

La Presse

Une table spéciale avait été réservée à la presse parisienne et départementale.

On y remarquait MM. Sarraut, de la *Dépêche de Toulouse* ; Béchet, du *Petit Méridional* ; un rédacteur du *Temps* ; Bourcerel, de la *Lanterne* ; Hirsch, de l'Agence

Havas; L.-L. Klotz, directeur politique du *Voltaire*; un rédacteur de l'Agence nationale; Vervoort, directeur du *Jour*; Montégut, de l'*Intransigeant*; Paul Fontin, de l'*Echo de Paris*; un collaborateur du *Petit Parisien*; un rédacteur du *Rappel*; Lesigne, du *Radical*; Dazet, rédacteur en chef du *Réveil de Seine-et-Oise*; Dreyfus, du *Jour*; Bourély, Labat et Lucciardi, du *Voltaire*; A. Israël, rédacteur en chef de l'*Eclaireur de l'Est*, etc.

Excusés

Empêchés d'assister au banquet, par la maladie ou par l'éloignement, un certain nombre de députés et sénateurs s'étaient fait excuser. Citons : MM. Aucoin, Garreau, Bonnefoy-Sibour, Caduc, Déandreis, Maxime Lecomte, Alexandre Lefèvre, Pauliat, Tassin, Belle, Farinole, sénateurs.

MM. Bachimont, Balandreau, Baulard, Bizouard-Bert, Bovier-Lapierre, Braud, Charonnat, Cornet, Crémieux, Delbet, Dénécheau, Denis, Doumergue, Dubief, Dupon, Duvigneau, Emile-Jullien, Alfred Faure, Antoine Gavini, Gras, Guyot-Dessaigne, Hubbard, Huguet Jacques, Lacombe, Lacôte, Lesage (Cher), Mathé, Maurice Faure, Morlot, Pajol, Philippon, Plissonnier, Raiberti, Rameau, Louis Ricard, Henri Ricard, Rubilliard, Sarrien, colonel Sever, Tiphaine, Viger, députés ; Baudin, président du conseil municipal de Paris, Bellan, syndic, retenus à l'inauguration de la rue Réaumur; Rousselle, conseiller municipal; Pinet, conseiller général de la Seine, etc.

Paris — Imprimerie Alcan-Lévy, 24, rue Chauchat